DE MESSIEURS

LE DUC DE ROVIGO

ET

LE PRINCE DE TALLEYRAND.

DE L'IMPRIMERIE DE DAVID,
Rue du Faubourg Poissonnière, N. 1.

DE MESSIEURS

LE DUC DE ROVIGO

ET

LE PRINCE DE TALLEYRAND;

PAR ACHILLE ROCHE.

Quis tulerit Gracchos de seditione querentes!

PARIS,

PLANCHER, Libraire, quai Saint-Michel, n° 15;

DELAUNAY, PONTHIEU, } Libraires, au Palais-Royal.

1823.

PRÉFACE.

La brochure de M. de Rovigo a déjà provoqué plusieurs écrits qui ont précédé le nôtre. Loin de mettre obstacle à notre publication, ces écrits l'auraient fait naître, si nous n'en avions eu antérieurement la pensée : nul homme impartial ne s'est présenté dans l'arène ; les organes de tous les partis ont parlé ; les agens de l'événement dont nous nous occupons ont cherché à se justifier ; leurs adversaires naturels les ont accablés d'outrages. Tel n'est point notre rôle ; étranger à tous les hommes de la révolution, né long-temps après les crises violentes de nos troubles civils, nous pouvons élever la voix avec confiance, pour rejeter les crimes de notre révolution sur leurs auteurs.

Quoique nous adoptions presque tous les principes de cette époque glorieuse et funeste, il est très-peu d'hommes, au milieu de ceux dont la scène politique a vu les travaux et les succès, que nous puissions regarder comme nôtres. Quelques-uns se sont souillés de sang ; d'autres ont couvert les haillons du sans-culotte de la toge du sénateur impérial, et tous nous sont également odieux. A peine au milieu de la corruption générale, découvrons-nous une vingtaine d'individus étrangers à cette corruption; et ces hommes illustres, dignes de nos hommages, ont presque tous péri sur l'échafaud.

Notre impartialité ne saurait donc être suspecte; ainsi que quelques amis de la modération prétendent aimer les hommes de tous les partis, nous avouons franchement que nous détestons presque tous les hommes qui ont eu part au pouvoir, quel que soit le drapeau qu'ils aient arboré. L'intérêt personnel les a presque tous jetés dans les rangs où ils se trouvent, si ces rangs se rompent et fuient, la vanité y retient les plus dignes d'estime. Le reste change de parti, et aide ses amis d'aujourd'hui à poursuivre ses amis d'hier.

Notre âge nous a préservé du malheur de

figurer parmi les auteurs des troubles de notre patrie. Spectateur tranquille de ces factions dissoutes, il est très-peu de personnages historiques de notre siècle que nous ayons pu rencontrer dans nos cercles sans être émus d'un sentiment pénible. Une sorte de bienséance nous retenait et nous empêchait de témoigner hautement notre manière de voir sur les agens des gouvernemens défunts, aujourd'hui repoussés par le pouvoir. M. de Rovigo nous a prouvé que ces idées de bienséance étaient déplacées, lui-même s'est livré à l'opinion. D'autres ont écrit pour ou contre lui, tous à l'aide de passions mal éteintes et de doctrines que nos contemporains ne sauraient partager. On a évoqué les ombres de victimes infortunées, on a cherché à justifier des crimes, ou à se soustraire à la responsabilité qu'ils imposent, et tous les athlètes qui ont pris part à cette lutte ont beaucoup moins sacrifié à la pudeur qu'au désir de vaincre.

Une pareille circonstance nous prescrit comme un devoir de repousser également, et les crimes de nos pères, et les doctrines illibérales à l'aide desquelles on veut les combattre. Oui, les enfans de la révolution déplorent le meurtre du duc d'Enghien; oui, les enfans de la révolution regardent cette catastrophe comme un horrible assassinat; mais ils ne sauraient non plus voir attribuer à la liberté un tel crime, qui heureusement appartient tout entier au despotisme. C'est au nom de la liberté qu'ils le repoussent, pour en laisser toute l'infamie au tyran consulaire. C'est aussi au nom de la liberté que nous repoussons tous les gouvernemens prétendus libéraux qui ont opprimé la France. Un vrai patriote approuve dans toutes nos assemblées quelques principes, mais un vrai patriote, en adoptant ces principes, s'éloigne avec horreur des hommes qui les ont proclamés, s'ils ont en même-temps figuré dans les horribles journées de septembre et de janvier, ou dans l'ovation de l'Empereur, la proscription de Moreau, et l'assassinat du duc d'Enghien.

DE MESSIEURS

LE DUC DE ROVIGO,

ET

LE PRINCE DE TALLEYRAND.

LORSQU'UN homme accusé d'un crime atroce élève la voix pour se plaindre, et pour rejeter sur le calomniateur, dans sa juste indignation, la honte dont on veut le couvrir, on écoute ses réclamations avec bienveillance, et tous les cœurs susceptibles d'émotions généreuses sympathisent avec le sien.

M. de Rovigo n'est pas à beaucoup près dans une position si avantageuse; une déplorable accusation pèse sur sa tête, et après avoir supporté pendant vingt ans, avec une patience rare, les reproches terribles qui lui furent adressés, il descend aujourd'hui dans l'arène: Je suis accusé, dit-il, je dois me défendre; pourquoi tarderais-je encore? Pourquoi avez-vous déjà tant tardé? lui répond la voix publique. Ignoriez-vous que l'on vous accusait ? Je ne souffrirai pas, continue-t-il, que les vrais coupables *se pavanent sous les hautes dignités dont ils sont comblés ;* et ces prétendus vrais coupables, auxquels il fait allusion, sont aujourd'hui dans la disgrace.... On ne peut s'empêcher de remarquer que par zèle pour le bien public, et pour les empêcher de se *pavaner sous les hautes dignités dont ils sont comblés*, le temps où ils occupaient les premières places et où les rênes de l'État étaient dans leurs mains, eût été mieux choisi que le jour de leur chûte et de leur retraite. Mais j'ai été attaqué par l'*Oriflamme*, dit encore M. de Rovigo. Mais depuis dix ans a-t-il pu ignorer toutes les attaques dont il a été l'objet, et l'article de l'*Oriflamme* est-il le premier où il ait lu son nom, accompagné d'une odieuse imputation ?

D'autres circonstances malheureuses présentent encore la brochure de M. de Rovigo sous un jour peu favorable. Nous ne prétendons en tirer aucune induction contre l'auteur, mais elles étaient trop remarquables pour que nous pussions les passer sous silence.

M. de Rovigo prétend publier un mémoire justificatif, repousser de fausses assertions, et à peine une faible partie de son écrit paraît tendre à ce but. Tout le reste est dirigé contre un homme que la justice nous porte à regarder comme innocent, mais qui, fût-il coupable, n'a dans toute cette affaire aucun rapport avec M. de Rovigo. Un homme dont la culpabilité, si on l'avait démontrée, ce que nous sommes loin d'accorder, porterait sur un tout autre objet que celle qui pèse sur son adversaire. Un peu d'attention porte à croire que cette dénonciation est le but de l'ouvrage, et que la défense de M. de Rovigo n'en est que le cadre et le prétexte : et, nous l'avons dit, celui que l'on attaque a perdu la faveur du pouvoir, et il est depuis quelque temps chaque jour en butte aux outrages d'un parti que M. de Rovigo n'est pas sensé servir. Trouver des crimes à cet homme est un moyen sûr de flatter ce parti, aujourd'hui tout puissant.

Nous le répétons, nous ne prétendons tirer aucune induction contre M. de Rovigo de toutes ces circonstances. Mais malheureusement pour lui elles expliquent, et elles expliquent seules son long silence et le brusque désir de rompre ce silence, pour repousser une agression renouvellée de mille accusations du même genre, qui n'avaient point eu le bonheur de provoquer une semblable explication. Si le parti dont nous avons parlé avait trouvé cette dénonciation contre un personnage qu'il déteste, et qui pourrait redevenir puissant, nécessaire à son repos; s'il avait fait de cette dénonciation spontanée un moyen de réconciliation; s'il avait laissé croire à M. le duc qu'un jour il pourrait voir, sans envie, ses anciens compagnons *se pavaner sous les hautes dignités dont ils sont comblés;* nous le demandons, aurait-il pu mieux servir ce parti? Nous ne présentons toujours ce traité secret que comme une hypothèse, mais il faut avouer que cette hypothèse concilie bien des choses inconciliables sans elle. Il faut avouer qu'elle explique seule l'excessive susceptibilité de M. le duc de Rovigo, après sa trop longue insensibilité; il faut avouer qu'elle explique seule pourquoi, oubliant sa défense, il accuse un homme absolument étranger à cette défense; elle peut même expliquer l'article de l'Oriflamme, et ce ne serait pas la première fois qu'une main officieuse aurait lancé une diatribe simulée contre un ami pour lui fournir un prétexte à des récriminations, et lui donner des armes contre un véritable adversaire. Au reste, le langage de M. le duc de Rovigo ne détruit en rien nos soupçons; *il déteste l'anarchie*, dit-il, et nous n'avons pas autant de peine à le croire que s'il prétendait haïr le despotisme. Il ne conçoit point ces mots de liberté, d'égalité, qui rendent tout gouvernement impossible; et certes, bien des gens qui les conçoivent aussi bien que lui, liront avec plaisir sa brochure contre M. de Talleyrand. Il loue, il est vrai, Napoléon son ancien maître; et quelques bonnes gens auront la simplicité de penser qu'il y a encore du courage à se donner pour son ami. Ils croiront que l'on sait aussi mauvais gré à celui qui est fidèle à un homme, qu'à celui qui défend des principes; à celui qui ose louer un ennemi mort, qu'à celui qui se trouve dans les rangs d'un ennemi en armes. M. de Rovigo voit mieux les choses. Il sait qu'avoir servi et aimé Napoléon n'est pas un titre à la défaveur comme avoir défendu la liberté, et certes on ne peut lui reprocher cette dernière faute. Il voit les mêmes antichambres remplies aujourd'hui comme autrefois par ses amis, et peut-être sent-il, dans sa noble ardeur, qu'il n'y serait pas plus déplacé que les autres. Un auguste personnage a approuvé les larmes généreuses du général Rapp, depuis ce temps les sensibles amis de Napoléon n'auront garde de cacher les leurs. Il eut été peut-être plus noble et plus courageux de les laisser voir lorsque tant d'indécentes calomnies étaient lancées contre l'Empereur déchu. Que faisaient alors les serviteurs qui le louent à présent avec tant de fierté ?

Nous le pensons donc, M. de Rovigo, poussé peut-être à son insçu, par le désir de sortir d'une inaction qui ne lui convient pas, a voulu faire, par cette brochure, sa paix avec le parti dominant, et ce parti puisera avec plaisir des armes contre M. de Talleyrand dans l'arsenal que M. de Rovigo vient de lui ouvrir (1).

---

(1) M. de Rovigo a publié une seconde édition de son Mémoire, et cette seconde édition vient encore fortifier nos soupçons. Il se plaint d'avoir été représenté à la famille royale comme un homme indigne de la servir. On sent qu'une phrase aussi directement suppliante n'aurait pas été écrite par M. Savary sans quelques motifs d'espérance. Ces espérances se sont-elles réalisées? Quelques articles de journaux en feraient douter. Ces articles sont-ils dictés par un reste

Etranger à M. de Rovigo, étranger à son adversaire, si le nom de l'un réveille quelques préventions dans notre âme, le nom de l'autre nous rappelle de semblables préventions. Amis de la liberté, nous ne pouvons aimer davantage celui qui n'est pas resté fidèle à sa cause que celui qui l'a étouffée. Nous pourrions plutôt avoir quelque partialité en faveur de M. de Rovigo, l'ayant vu dans les rangs des proscrits, tandis que son adversaire était au nombre des vainqueurs. Néanmoins, sans connaître M. de Talleyrand, nous croyons qu'il peut être encore utile à la cause de la liberté, et que cette seule raison fait naître les attaques violentes dont il est l'objet. Nous examinerons celles que contient la brochure de M. de Rovigo, et nous en démontrerons l'absurdité. Nous suivrons M. de Rovigo pas à pas, citant les propres expressions, pour éviter tout reproche d'infidélité.

---

de pudeur? Sont-ils écrits par des journalistes qui ne sont point dans le secret? Nous ne pouvons résoudre toutes ces questions. Toujours est-il vrai que le ton de M. de Rovigo prouve qu'il ne s'attendait pas à de semblables attaques, et qu'il se croyait sûr de quelque puissante garantie contre elles.

Nous pensons qu'après cet examen, le lecteur partagera notre conviction : s'il croit le duc de Rovigo étranger à l'idée de flatter le parti de la contre-révolution, il avouera du moins que par le fait il le sert. Il pensera aussi que le besoin de se défendre est entré pour fort peu de chose dans la défense de M. de Rovigo. Il pensera enfin, que si nous n'avons pas deviné son véritable motif, nous avons au moins eu raison de croire qu'il en existait un différent du but avoué.

M. de Rovigo commence par tracer un tableau de la France à l'époque du consulat de son maître. Il veut, dit-il, lui rendre justice en le lavant d'absurdes calomnies; nous prouverons par la suite que si telle était son intention, il a fort mal réussi. *Il* (Napoléon) *n'aimait pas l'anarchie* : non, sans doute, et la manière dont il a su concentrer dans ses mains toutes les forces de l'État, prouve même qu'il savait organiser le despotisme. *Il* (Napoléon) *avait arrêté l'écroulement de l'ordre social*, phrase répétée par tous ses partisans et vingt fois repoussée sans qu'on ait encore voulu l'abandonner ou la défendre. Et de quel danger a-t-il donc sauvé la France, quel symptôme d'écroulement sa main puissante est-elle venu arrêter? l'Invasion étrangère? Brune en Hollande, Masséna à Zurich, l'avaient rendue impossible sans attendre son secours. L'anarchie intérieure? Le Manége était vaincu, et le parti modéré des conseils, fort de l'influence de Sieyes, avait depuis long-temps triomphé. *Il* (Napoléon) *comprimait la révolution de toutes ses forces;* il l'a comprimée, il est vrai, pour lui succéder; mais avant de porter si loin ses vues, ne l'avait-il pas servie et flattée? Oublie-t-on ces discours où il se faisait gloire d'être l'agent du peuple souverain? Il serait tems enfin d'apprécier les choses avec plus de justice, et de ne pas tant louer un homme d'avoir bien voulu tout faire plier sous sa volonté, et demeurer seul tout-puissant. Le besoin de repousser ces sophismes destinés de tous temps à soutenir le parti du plus fort, nous a écarté un peu de notre sujet. Nous y revenons, en prenant l'engagement de ne plus le quitter, et de laisser de côté ce qu'il y a de bizarre dans les doctrines de M. de Rovigo pour nous attacher aux faits, dussions-nous revenir plus tard sur nos pas pour jeter un coup-d'œil sur ces doctrines.

L'auteur essaye, disions-nous, de peindre

l'époque du consulat. Le tableau est assez fidèle; mais aux traits dont il est formé il est facile de reconnaître la main qui l'a tracé. Au sujet de la conspiration de Moreau, par exemple, se trouve cette phrase remarquable : « *L'armée*, qui était toute campée professait pour lui un dévouement sans bornes; *de toutes parts le premier Consul recevait des adresses qui le pressaient d'en finir avec ses ennemis.* » Nous ne nous arrêterons pas à cette expression, *en finir avec ses ennemis*, elle nous semble trop naturelle dans la bouche d'un ancien ministre de la police; mais nous croyons devoir faire remarquer en passant à M. le duc de Rovigo, que ces adresses ne prouvent rien du tout. On en a envoyé de semblables à nos constituans; on en a envoyé à la Convention, pour la terreur et contre la terreur; au Sénat, pour Bonaparte et contre Buonaparte; enfin, en moins d'un an, nous avons vu tous les corps de l'Etat, en 1814 et 1815, en adresser avec le même zèle et les mêmes protestations à trois gouvernemens différens. D'ailleurs, M. de Rovigo va bientôt nous dire qu'on obéit et qu'*on ne délibère jamais sous les armes*. Pour que ces adresses exprimassent le vœu de l'armée, il aurait fallu, à ce qu'il nous semble, qu'elles devinssent préalablement l'objet d'une délibération, au lieu d'être écrites par les chefs et mises à l'ordre du jour comme expression des sentimens de tous.

Pour en finir avec les ennemis du premier Consul, tous ses serviteurs s'agitaient. On instruisait le procès de Georges, et on cherchait de tous côtés le chef de la conspiration dont il était le premier agent connu. M. de Rovigo nous apprend que les soupçons tombèrent sur le duc d'Enghein, d'après les respects extraordinaires que des complices de Georges prétendirent avoir vu rendre par celui-ci et MM. de Rivière et de Polignac à un personnage inconnu. Cette partie de la brochure de M. de Rovigo a tout l'intérêt d'une intrigue romanesque, combiné avec celui qu'inspire une triste réalité. Nous voyons les soupçons s'accumuler sur la tête de M. le duc d'Enghien, avec quelque apparence de vérité, et ces mêmes soupçons tomber lorsqu'on reconnaît Pichegru pour l'inconnu dans lequel on avait cru deviner l'infortuné Prince. M. l'ancien ministre de la police montre de l'expérience et de la sagacité, en énumérant toutes les circonstances qui se réunissent pour faire peser des inculpations terribles sur une tête innoc nte. C'est une véritable leçon, une leçon effrayante dont ceux qui ont en mains le pouvoir devraient profiter. Oui, même avec bonne foi, on peut voir souvent des conspirateurs dans ceux qui songent le moins aux affaires publiques, si l'on s'en rapporte à des agens subalternes et à des circonstances extérieures. Oui, l'on peut être trompé par de faux soupçons; mais alors c'est à ceux qui gouvernent à approfondir davantage la vie d'un homme avant d'en faire l'objet de leur haine et de leurs poursuites, et ils sont aussi coupables d'avoir sacrifié un innocent par une odieuse négligence et une crédulité meurtrière, que si l'intérêt leur avait fait vouer au trépas un ennemi. Ils ont manqué à leur premier devoir, celui de laisser les particuliers en présence de la loi, sans leur donner jamais le pouvoir pour adversaire; celui de protéger toujours sans arrière pensée tout individu que la loi et les formes ordinaires prescrites par elle n'ont pas convaincu d'un crime. Que de réflexions ne doit pas inspirer une pareille catastrophe à tous ceux qui y ont participé! Ils ont beau chercher de spécieuses défenses, si l'homme qui est mort par leur ordre eut été abandonné au cours ordinaire de la justice, il n'aurait sans doute pas péri..... Ils l'ont donc assassiné?

Au milieu de ce tableau sinistre M. de Rovigo commence, par une insinuation cruelle, la tâche qu'il s'était imposée. Il vient de nous dire que le premier Consul a appris le séjour du duc d'Enghien à Etteinheim; il continue: « Il est bon de faire observer, dit-il, qu'à » cette époque les ramifications de la police » ne s'étendaient pas au-delà des frontières; » c'était uniquement par le ministère des rela- » tions extérieures que le gouvernement re- » cevait toutes les informations qui lui venaient » du dehors. » (Page 10.)

On comprend assez l'intention de l'auteur; puisque le ministère des relations extérieures pouvait seul donner des informations sur les Cours étrangères, Napoléon n'a connu le duc d'Enghien que par lui, il est le premier auteur de la mort du Prince. Dans la phrase suivante, *on* avait fait part au premier Consul des relations des complices de Georges, nous dit M. de Rovigo, et, *on* est encore une insinuation perfide; il est à remarquer que ce mot *on* convient beaucoup à M. de Rovigo, qu'il l'employe souvent, et que chaque fois qu'il l'employe il serait assez embarassé si on lui demandait de le traduire par un terme plus positif. Nous le ferons voir bientôt avec plus d'étendue.

Voilà donc le premier coup porté, et cet homme qui n'est poussé que par le besoin de sa défense personnelle, commence cette défense en dénonçant un fonctionnaire qui lui est absolument étranger, par des insinuations perfides, et voilées sous des tournures de phrase insidieuses.

Il est malheureux que le moindre examen fasse disparaître ces accusations, et que l'esprit le plus lourd soit naturellement porté à cet examen. On connaît assez le caractère soupçonneux de Napoléon, et personne n'ignore qu'il était toujours entouré d'agens secrets; toujours une contre-police attachée à sa personne surveillait les agens de sa police ostensible, et d'autres agens lui rendaient compte des démarches de ces derniers. Ces faits sont avérés; mais si on les contestait nous citerions un fait public. On n'a pas oublié la mission de Méhée, il s'en est glorifié lui même, et les mystères de la police ont été une fois dévoilés à tous les yeux. Cette mission de Méhée est justement de la même époque que la mort de M. le duc d'Enghien. M. de Rovigo ne l'a pas oubliée, il la cite, puis il nous dit que Napoléon n'avait point d'agens dans l'étranger. Une pareille manœuvre est peu adroite, il suffisait qu'il y eût une possibilité quelconque que la résidence du duc d'Enghien à Ettenheim n'eût point été indiquée à Napoléon par M. de Talleyrand pour qu'on n'eût point le droit de faire une pareille supposition et que l'insinuation de M. de Rovigo n'eût plus de but. Personne ne saurait douter que cette possibilité n'existât; dès-lors que devient l'observation aussi maladroite que perfide de M. le duc?

La seconde insinuation prouve moins encore. En vain M. de Rovigo dit *on avait* fait part au premier Consul, tout le monde doit traduire cette phrase par, *la police* ou les *magistrats* avaient fait part; le ministre des relations extérieures n'aviat certainement pas mission d'interroger des prisonniers, et il faut avoir par trop d'acharnement ou d'aveuglement pour le donner à entendre. Voilà pourtant deux des plus graves accusations de Monsieur de Rovigo. L'ancien ministre de la police n'a point oublié l'art de réunir des circonstances indifférentes, et d'en fabriquer un rapport accusateur. Poursuivons.

M. Réal est chargé d'envoyer quelqu'un à Etteinheim pour apprendre au premier Consul la manière de vivre et les relations du duc d'Enghien; (ainsi remarquons-le en passant, Napoléon envoyait déjà à l'extérieur d'autres agens que des agens diplomatiques.) M. Réal commet le soin de cette affaire à un officier que lui indique le premier inspecteur de la gendarmerie (Ici remarquons encore un rapprochement bisarre. M. de Rovigo qui a l'habitude de nommer fort peu de personnes, se hâte de nous apprendre, entre deux parenthèses, que M. Moncey était alors premier inspecteur de la gendarmerie. M. Moncey a été en butte à l'animadversion des gens qui ont intérêt à déchirer M. de Talleyrand.) L'agent de M. Réal va à Strasbourg et à Etteinheim, rédige un rapport et l'adresse au premier inspecteur de la gendarmerie. Celui-ci le remet au premier Consul, qui déjà en connaissait le contenu par M. Sheé préfet de Strasbourg (et certes, un préfet n'est pas plus un agent diplomatique qu'un gendarme). Napoléon prend la résolution de faire arrêter le duc d'Enghein en présence de M. Réal seulement et du premier inspecteur de la gendarmerie. Jusqu'ici tout est conduit par la gendarmerie et la police; pas un mot de M. de Talleyrand, pas une circonstance qui l'inculpe comme auteur ou comme conseiller.

Nous voyons ensuite, dans le récit de M. de Rovigo, Napoléon donner ordre au ministre de la guerre d'envoyer un colonel de grenadiers pour arrêter le malheureux Prince; et toujours pas un mot de M. de Talleyrand, pas un seul fait à sa charge. Nous sommes au tiers du Mémoire, nous approchons de la triste catastrophe, et rien contre celui qu'on voudrait représenter comme son principal auteur, rien qu'une misérable insinuation repoussée par une évidence complète, et que la malveillance la plus hardie peut à peine faire comprendre.

Ici M. de Rovigo parle de lui. Il était absent lors de l'arrestation du duc d'Enghein, il n'est revenu à Paris que deux jours avant le Prince, et il est assez curieux d'apprendre qu'il était chargé d'une mission de police et non d'une mission militaire. « Ma mission en Normandie » avait deux objets, dit-il,..... l'autre d'obser- » ver si de nouveaux débarquemens clandes-

» tins s'effectuaient encore depuis Abbeville » jusqu'au Hâvre, et *j'avais l'ordre d'envoyer » à Paris tout ce qui y avait pris part.* » Cette mission d'envoyer à Paris tout ce qui avait pris part aux trames contre le premier Consul nous paraît avoir un singulier rapport avec celle dont s'était chargé l'agent de M. Réal à Strasbourg. Si l'on se prêtait à l'une, l'on pouvait exécuter l'autre. Il n'y a aucune différence, renversons les choses, envoyons M. de Rovigo à Etteinheim, le colonel de grenadiers à Caen, quelle différence trouverons-nous dans la moralité de ces deux expéditions militaires? aucune; c'est le même rôle, en deux pays différens. En général M. de Rovigo a le malheur de s'avouer toujours coupable, non-seulement de ce dont on l'accuse, mais encore de ce dont on ne pensait pas à l'accuser.

Appellé dans le cabinet du premier Consul, il en reçoit une lettre pour le gouverneur de Paris, et la lui porte à six heures du soir.

Ici vient la grande accusation, la seule accusation contre M. de Talleyrand, tout insignifiant qu'est ce passage, c'est pour lui que la brochure a été composée et il faudra le discuter dans la suite. Nous copions.

« J'arrivai chez lui (le gouverneur de Paris) » à six heures du soir[1], et me croisai sous » la porte avec le ministre des relations exté- » rieures, qui en sortait.

» Comme je l'avais vu le matin à la Malmai- » son, et que je savais le général Murat malade » au point de garder son appartement, je ne » m'arrêtai pas à la réflexion que cette heure » n'était pas l'heure ordinaire du ministre, et je » mis cette visite sur le compte de la maladie.» (Pages 19 et 20.)

L'heure ordinaire du ministre! Que veut dire M. le duc de Rovigo? Le ministre a-t-il une heure réglée pour rendre visite au gouverneur de Paris? A-t-on quelque preuve que jamais il ne l'a fait à six heures du soir? Si tel n'est pas le sens de la phrase de M. le duc de Rovigo, elle n'a absolument aucun sens. Certes l'on comprendrait cette phrase s'il s'agissait de quelque pétitionnaire. Alors le gouverneur de Paris pourrait avoir une heure réglée, une heure de réception, mais il faut avoir un bien grand génie accusateur pour être étonné de voir un ministre visiter, à une heure quelconque, un autre grand fonctionnaire. Il valait mieux s'en tenir à sa première supposition.

Observons ici que nous prenons toujours le récit de M. de Rovigo tel qu'il nous le donne, sans contester aucun fait. Pourtant, quand on inculpe sans preuves, et sur la foi de sa seule parole, quelque confiance que l'on mérite, on peut n'être pas regardé absolument comme infaillible. Un seul témoin n'est pas un témoin. On croit à sa véracité, on n'est pas sûr de sa mémoire. Le même duc de Rovigo, qui se rappelle si bien avoir rencontré M. de Talleyrand sous la porte du gouverneur de Paris, oublie s'il a ou n'a pas écrit à Napoléon l'exécution du duc d'Enghein. Le second fait nous paraît pourtant d'une autre importance que le premier. Il nous semble que l'émotion naturelle à l'homme qui raconte la mort de son semblable, mort dont il vient d'être témoin et auteur involontaire, doit être assez grande pour laisser de plus profondes traces dans sa mémoire, que la rencontre d'un ministre à six heures du soir, sous la porte d'un autre grand personnage. M. de Rovigo nous dit avoir oublié le dernier fait, nous le croyons: qu'il nous permette de douter s'il ne s'est pas mal rappelé le premier. Toutefois cette rencontre est assez peu importante en elle-même pour qu'on puisse la lui accorder sans scrupule. Il est même curieux d'observer comment il pourra en faire la base d'une cruelle accusation.

M. de Rovigo reçoit l'ordre de prendre sous son commandement une brigade d'infanterie, et d'aller tenir garnison avec elle à Vincennes. Il reçoit aussi l'ordre d'y conduire l'infanterie de son corps (gendarmerie d'élite), et un fort détachement de cavalerie.

Vers huit heures du soir, il se rend à Vincennes avec sa brigade. Il dispose ses troupes à toutes les issues de la place, et, pendant qu'il est occupé de ce soin, voit arriver les membres de la commission militaire.

Nous suivons toujours M. le duc de Rovigo dans la marche de son mémoire. Nous l'avons vu arriver à Vincennes, il nous a dit pourquoi, comment, d'après quels ordres il y est venu. Que M. de Talleyrand soit ou ne soit pas un des auteurs de la catastrophe, cela ne change rien au rôle de M. de Rovigo. Il pourrait poursuivre ici la narration de ses actions, les justifier à sa manière, et terminer sans autre digression. Voilà ce qu'il ferait, si sa justification était son but; aucune circonstance extérieure ne changeant la moralité de son action, il ne nous occuperait d'aucune circonstance extérieure. Il n'en est pas ainsi, sa justification, ou les pages auxquelles il donne ce nom, et que nous avons sous nos yeux, tiennent peu de place dans sa brochure. Il glisse dessus, et son style prend l'aridité que donne un sujet d'une importance secondaire auquel on voudrait échapper. Il semble mal à son aise dès qu'il abandonne M. de Talleyrand. Aussi, après le peude malencontreuses pages qu'il faut bien consacrer au but apparent de l'ouvrage, nous le reverrons revenir à la fameuse visite du ministre des relations extérieures au gouverneur de Paris, la commenter, en tirer d'incroyables suppositions, et ne plus l'abandonner. Forcés par la marche que nous avons adoptée de quitter un instant M. de Talleyrand pour M. de Rovigo, nous avons cru devoir faire remarquer cette espèce d'interruption nécessaire. Suivons donc M. de Rovigo dans ce qu'il appelle sa défense.

M. de Rovigo se hâte de se rendre dans la salle du conseil, impatient de connaître tous les détails de cette affaire, et mu par une vive curiosité. Nous verrons bientôt que cette vive curiosité n'était pas démesurée, car elle n'a porté M. le duc à s'informer des détails dont il était impatient de s'instruire, que plus de six ans après l'événement.

« La commission s'assembla dans la grande » salle de la partie habitée du château ; la » séance ne fut point mystérieuse, comme on » l'a dit dans quelques pamphlets. (Page 25.)

» Les portes de la salle étaient ouvertes et » libres pour tous ceux qui pouvaient s'y rendre » à cette heure. »

La séance ne fut point mystérieuse ; à minuit ! elle se tint dans la partie habitée du château ; dans la partie habitée d'une prison ! Qui assistait donc à cette séance ? Des geoliers, des soldats, des bourreaux ; nous le savions, M. le duc, la France le savait, et c'était là justement ce qu'elle appelait une séance mystérieuse ! Les portes de la salle étaient ouvertes ; les portes étaient ouvertes, et vous appelez cela une garantie, dans un château fort, à minuit ! Les faits parlent, la défense est elle-même une assez accablante accusation. Que pourrions-nous ajouter ?

Reprenons le récit de M. de Rovigo, nous le verrons assister au jugement du duc d'Enghien. Interrogé par le président, l'infortuné prince répondit :

« Monsieur, je vous comprends très-bien, » mon intention n'était pas d'y rester indifférent (aux affaires de la France). J'avais » demandé à l'Angleterre du service dans ses » armées, et elle m'avait fait répondre qu'elle » ne pouvait m'en donner, mais que j'eusse à » rester sur le Rhin, où j'aurais incessamment » un rôle à jouer, et j'attendais. Monsieur, je » n'ai plus rien à vous dire. »

M. de Rovigo nous apprend que cette réponse a motivé la condamnation, et trouve qu'elle la justifie. Nous n'avons pas à examiner si effectivement ce peu de mots eût pu motiver une condamnation de la part d'un tribunal compétent, mais nous osons affirmer qu'un tribunal non compétent, assemblé mystérieusement pour condamner un homme dont il n'est pas le juge naturel d'après les lois de son pays, ne saurait prononcer autre chose que l'ordre d'un assassinat.

D'ailleurs, le duc d'Enghien a été saisi hors de France, et le droit des gens le rendait sacré tout aussi bien pour ses prétendus juges que pour l'Empereur. Il a été condamné d'après les lois sur les émigrés, et vous avouez qu'il a été condamné pour une cause absolument étrangère à l'émigration. Vous trouvez donc qu'il est des cas où l'on peut punir un homme comme coupable d'un crime, parce qu'il est soupçonné d'en avoir commis un autre? Nous ne connaissons pas les juges du duc d'Enghien; nous ignorons jusqu'à leurs noms; nous ne pouvons être poussés par aucune animosité; mais la vérité nous force de déclarer que nous ne pouvons nous résoudre à voir des magistrats et un accusé dans ce prétendu procès, mais des soldats obéissant à l'ordre d'un chef, et immolant une victime indiquée par lui; et M. le duc de Rovigo va nous dire que ce chef ignorait la sentence, que peut-être il ne l'eût point approuvée..... On croit rêver, on se demande quelle force a fait mouvoir ce tribunal dans le système de M. de Rovigo; on se demande si M. de Rovigo pense que l'on pourra admettre un tel système. L'aspect sous lequel on est habitué d'envisager cette affaire est si naturel, j'allais dire présente un tel degré d'évidence, qu'il faudrait de grandes preuves pour le faire abandonner. Nous allons bientôt voir l'auteur, à l'aide de quatre ou cinq suppositions échafaudées, détourner la faute de la tête de Napoléon, et la diriger sur une autre tête. Reprenons la suite du récit :

La commission se trouvant suffisamment éclairée, ferma la discussion. Le prince fut condamné. Ecoutons M. de Rovigo :

« L'officier qui commandait l'infanterie de » ma légion, vint me dire, avec une émotion » profonde, qu'on lui demandait un piquet » pour exécuter la sentence de la commission » militaire. Donnez-le, répondis-je. — Mais » où dois je le placer ? — Là où vous ne pour» » rez blesser personne. (Car déjà les habitans » des environs de Paris étaient sur les routes » pour se rendre aux divers marchés). » Pag. 30. Puis en note il croit se souvenir que l'officier dont il parle est un M. Delga, tué à Wagram.

La sentence fut exécutée....

M. de Rovigo a obéi. — Nous verrons bientôt que ce seul mot fait toute sa justification. Il a obéi. Peut-on admettre une telle excuse ? Non, sans doute : nous le prouverons. Examinons les faits. A qui a-t-il obéi ? Qui lui a transmis l'ordre de l'exécution ? Il paraît que c'est un M. Delga, tué à Wagram. Mais que ce soit ou ne soit pas ce M. Delga, il est très-utile à M. de Rovigo de ne se rappeler que lui. M. Delga est mort, son témoignage sera toujours en faveur de celûi qui le fera parler ; et si M. Savary se trompe en nous nommant M. Delga, on ne réclamera pas sans doute aujourd'hui la gloire qu'il attribue à cet officier. De tout côté même tranquillité pour M. de Rovigo. Lui, général, sur une simple invitation d'un officier, il a obéi ; il a obéi sans demander à lire la sentence ; il a obéi sans savoir si la sentence ordonnait une si prompte exécution ; il a obéi sans savoir si le premier consul voulait faire grâce. *On demandait* un piquet à M. Delga : que veut dire *on*, dans cette phrase ? M. Delga pourrait peut-être nous l'apprendre : M. Delga est mort. Ainsi, on accuse M. de Rovigo d'avoir hâté cette exécution ; ce n'est pas lui, répond-il : un homme qui est mort lui a dit qu'*on* avait donné des ordres pour la hâter. Que M. de Rovigo explique ce mot *on*. S'il ne peut l'expliquer, s'il ne peut désigner formellement celui à qui appartient cette part du crime, elle lui reste.

Voilà la narration des faits telle qu'elle se trouve dans la brochure de M. le duc de Rovigo. Nous avons cru devoir la rapporter tout entière. Elle nous fait bien connaître le rôle que M. de Rovigo accepte dans cette tragédie. Voyons comme il le justifie.

« A quelles épreuves la fortune ne se plaît-» elle pas à nous réserver! » s'écrie M. de Rovigo, aussitôt après avoir raconté l'exécution de l'arrêt nocturne de Vincennes. On pense qu'il va s'attendrir sur le sort de la victime; qu'on se détrompe: M. de Rovigo, s'il a d'autres défauts, n'a pas au moins celui d'affecter une sensibilité qui ne lui est pas naturelle.

Il nous parle toujours de l'émotion des autres, jamais de la sienne, et son âme stoïque ne s'ébranle qu'en voyant ceux qu'il appelle coupables se *pavaner sous les hautes dignités dont ils sont comblés.* « A quelles épreuves la fortune » ne se plaît-elle pas à nous réserver! » Qui veut-il donc nous faire plaindre dans un tel moment? Lui, Savary, lui, duc de Rovigo, lui-même! Sa position était si cruelle, à lui, qui n'a pas hésité un instant avant d'obéir! A lui, qui a même hâté cette exécution, puisqu'aucune loi, ni même aucun prétendu devoir militaire, ne lui ordonnaient cette odieuse promptitude! A quelles épreuves la fortune se plaît à réserver M. Savary! Il les supporte assez patiemment, ces épreuves; il cherche bien faiblement à les repousser! Quoi! pas une seule observation! pas un seul mouvement de trouble dans cet horrible moment! *On* m'a demandé un piquet, lui dit-on; donnez-le, répond-il sans s'informer qui l'a demandé. Et il prétend qu'on le plaigne! qu'on le plaigne au moment même où il vient d'entr'ouvrir devant nous la tombe de sa victime! Etrange maladresss de l'égoïsme qui veut paraître généreux.

Rassemblons maintenant toutes les explications de M. de Rovigo, et tout ce qu'il appelle sa défense. Peu de mots suffiront pour en faire justice; les faits nous sont connus, tout l'art du plus habile sophiste ne pourrait les rendre innocens.

Nous ne nous occuperons de la défense de M. de Rovigo que sur les faits qu'il avoue et qu'il raconte lui-même. Loin de nous la pensée de lui imputer ceux qu'il nie. On a lancé contre lui des accusations sans preuves; il affirme qu'elles n'ont point de fondement. Nous ne pouvons ni ne devons nous placer entre lui et ses accusateurs: nous ne parlerons même plus de ces faits. Quant à ceux qu'il avoue et veut défendre; il est de l'intérêt de tous qu'une action coupable porte toujours avec elle son caractère de culpabilité; jamais il ne viendra dans notre esprit de dire à un homme, vous avez commis une action qui est un crime. Mais, si cet homme se vante de cette action, nous croirons légitime et nécessaire de la flétrir du nom de crime; la morale l'exige, car au jour où l'on entendrait avec indifférence l'apologie d'un fait coupable, toute idée de morale serait détruite.

« Un piquet de mon corps a été chargé de » l'exécution du jugement... Que ceux qui » veulent m'imputer cela à crime, me disent » de quels moyens je pouvais disposer pour » sauver la vie du duc d'Enghien ?... »

Oui, nous vous le dirons, et vous-même nous en procurerez les moyens; vous nous apprendrez bientôt que M. Réal devait interroger le Prince, le confronter avec les subordonnés de Georges, que cette confrontation aurait fait connaître l'innocence du prince, et qu'alors l'équitable commission militaire ne l'eut point condamné; ou que, d'ailleurs, Napoléon eût empêché son supplice...

Et vous, qui reconnaissez aussi toute l'illégalité du jugement rendu mystérieusement à Vincennes (car n'est-ce pas reconnaître l'illégalité d'un jugement que d'avouer qu'il a été prononcé avant les formes nécessaires de l'instruction préparatoire;) vous, disons-nous, qui reconnaissez l'illégalité de ce jugement, vous nous demandez comment on peut vous imputer à crime son exécution, et de quels moyens vous pouviez disposer pour l'empêcher.

« Il eut fallu faire révolter les troupes, et les » tourner contre leur devoir, et, suivant toute » probabilité, me faire fusiller moi-même sans » sauver le duc d'Enghien. (nº 37) »

Non, il ne fallait pas faire révolter les troupes: Non, il ne fallait pas les tourner contre leur devoir; il suffisait de ne pas exécuter un arrêt de mort sans vous assurer de la légalité de cet arrêt. Suivant toutes les probabilités vous n'auriez pas été fusillé, car, suivant vous-même, en agissant ainsi vous auriez été agréable au premier Consul.

» La sentence n'avait-elle pas été rendue » par un tribunal, était-ce à moi qu'il appar» tenait d'examiner l'incompétence du tribu» nal et la validité de la sentence ?»

Ce n'était pas à vous, sans doute, à examiner la compétence du tribunal, quant au fond, mais avant d'exécuter son arrêt, vous deviez au moins vous informer de sa légalité, des formes suivies par lui et de sa manière de procéder; vous voulez en vain confondre la légalité du tribunal ou lui-même et sa compétence relativement aux accusés; si vous n'étiez pas juge de la compétence, vous l'étiez nécessairement de la légalité. Vous deviez vous en enquérir. Si vous l'aviez fait il ne vous eût pas été difficile de reconnaître qu'il n'y avait pas à Vincennes de tribunal légal.

« Les commissions militaires sont des tri-
» bunaux avoués par les lois. Il n'est pas un
» seul gouvernement en Europe qui ne fît pu-
» nir exemplairement un officier qui se consti-
» tuerait juge des juges. »

Dans tous les pays du monde il y a eu des commissions militaires, il est vrai, comme dans tous les pays du monde il y a eu des passions et des crimes. Mais dans tous les pays du monde aussi, les gens sensés ont regardé les arrêts de ces commissions comme des assassinats. On connaît ce mot qu'un homme naïf fit entendre à l'un de nos rois, au sujet d'une sentence de ce genre: non, Sire, il n'a pas été condamné par jugement, mais par commissaires. Le Prince fut frappé de ce mot. On nous l'a appris dès l'enfance, et personne n'en a contesté la justesse, hors toutefois ceux qui ont commandé ou consommé de semblables exécutions.

D'ailleurs, en admettant même la compétence du tribunal, vous deviez, comme nous l'avons démontré, attendre une réquisition légale avant d'exécuter son arrêt, l'avez-vous fait. Sur la seule assertion d'un de vos inférieurs, vous avez fait fusiller un homme sans savoir s'il y avait un arrêt légal contre lui, si quelques formes avaient été observées pour la rédaction de cet arrêt.

Il y a plus, la sentence même vient convaincre M. le duc de Rovigo. Cette sentence ne fixe aucune époque pour l'exécution (1).

---

(1) Depuis que nous avons terminé cet écrit, des pièces officielles sur la fatale catastrophe de Vincennes ont paru, et nous avons appris qu'un premier arrêt avait été rédigé, arrêt illégal dans sa forme, et tellement illégal qu'on n'a pas osé l'insérer dans le Moniteur et que l'on a fait un faux matériel en en publiant un second. Ce premier arrêt portait : *Le jugement sera exécuté de suite.* Mais si M. de Rovigo s'appuyait de cette pièce, on lui dirait qu'elle a été désavouée

Elle ne porte pas même que cette exécution aura lieu dans les vingt-quatre heures; qui donc a pris sur lui de le faire à l'heure même ?

« La responsabilité n'atteint jamais celui qui » exécute, mais celui qui ordonne. »

La responsabilité devrait atteindre jusqu'à ces agens inférieurs de la justice, dont le nom seul est un opprobre, s'ils avaient trempé leurs mains dans le sang, avant une réquisition directe, légale et rédigée dans les formes ordinaires. En vain ils diraient *on* nous a donné ordre de frapper; une pareille défense n'est point admissible. Ceux qui ont rendu l'arrêt contre le duc d'Enghien ont un assez pesant fardeau sur leur tête; celui d'avoir condamné

---

par ses auteurs mêmes, qu'elle n'a en conséquence aucune autorité légale, et que tout meurtre commis d'après cet acte inique, porte, pour tout caractère, celui de l'assassinat. Si M. de Rovigo nous dit que le second arrêt est légal dans la forme, nous lui objecterons que ce second arrêt ne parle point de l'exécution, et que d'ailleurs l'exécution a précédé ce second arrêt.

un homme dont ils n'étaient pas juges, d'avoir condamné un homme pour une action dont on ne l'accusait pas, d'avoir condamné un homme reconnu depuis pour innocent même par ses bourreaux. Il faut que M. de Rovigo supporte celui dont il est chargé; l'exécution a été hâtée, c'est lui qui l'a hâtée. Car en ne s'expliquant quepar des phrases ambigues, retient toute la responsabilité sur sa tête.

D'ailleurs, nous nions en lui m mee principe sur lequel s'appuie M. de Rovigo. Celui qui exécute n'est pas toujours à l'abri de la responsabilité, parce qu'elle atteint celui qui ordonne. Une pareille doctrine serait trop favorable au crime. En promettant l'impunité aux instrumens, on l'assurerait aux chefs. Ce serait les investir d'une force terrible, incalculable, que de mettre sous leurs lois une foule d'hommes, dont l'obéissance serait le seul devoir auquel on n'opposerait pas même la conscience pour barrière. Écoutons sur cette matière l'illustre publiciste aux écrits duquel il faut toujours recourir pour traiter les sujets d'une grande importance politique. « Depuis la révolution, (dit M. Benjamin-Constant, cours de Politique, tom. 11. p. 68,) l'on s'extasie plus que jamais sur les avantages de ce genre d'obéissance. S'il n'y a pas d'obéissance passive dans l'armée, dit-on, il n'y aura plus d'armée, s'il n'y a pas dans l'administration obéissance passive, il n'y aura plus d'administration. Je ne serais pas étonné que ces raisonneurs, que les fureurs de la démagogie ont d'autant mieux façonnés au despotisme, ne blâmassent les commandans et les gouverneurs de province, que l'histoire loue depuis trois siècles, de n'avoir pas obéi à Charles IX, lors du massacre de la St.-Barthelemy.

Il est bisarre que les faits, dont nous avons été témoins et victimes, n'aient pas découragé les partisans d'un pareil système. Ce n'est pas faute d'obéissance dans les agens inférieurs de nos diverses tyrannies que la France a tant souffert de ces tyrannies. Tout le monde, au contraire, n'a que trop obéi; et si quelques malheureux ont échappé, si quelques injustices ont été adoucies, si le gouvernement de Robespierre a été renversé, c'est qu'on s'est quelquefois écarté de la doctrine de l'obéissance.

Mais les dépositaires du pouvoir convaincus, malgré les exemples de l'éternelle durée de leur autorité, ne cherchent que des instrumens dociles qui servent sans examen; ils ne voient dans l'intelligence humaine qu'une cause de résistance qui les importune.

Plus les soldats, en leur qualité d'instrumens aveugles, ont fusillé de leurs concitoyens, plus on a répété que l'armée devait être purement et passivement obéissante. Plus les agens de l'administration ont déployé de zèle sans examen pour faire incarcérer, détenir et traduire devant des tribunaux de sang leurs administrés, plus on a prétendu que l'examen était le fléau, et le zèle implicite le ressort de toute administration. On ne réfléchit pas que les instrumens trop passifs peuvent être saisis par toutes les mains et retournés contre leurs premiers maîtres, et que l'intelligence qui porte l'homme à l'examen lui sert à distinguer le droit d'avec la force, et celui à qui appartient le commandement de celui qui l'usurpe.

« L'obéissance passive, telle qu'on nous la vante et qu'on nous la commande, est, grâce au ciel, complètement impossible : même dans la discipline militaire, cette obéissance passive a des bornes que la nature des choses lui trace, en dépit de tous les sophismes. On a beau dire que les armées doivent être des machines, et que l'intelligence du soldat doit être dans l'ordre de son caporal; un soldat devrait-il, sur l'ordre de son caporal ivre, tirer un coup de fusil à son capitaine? Il doit donc distinguer si son caporal est ivre ou non; il doit réfléchir que le capitaine est une autorité supérieure au caporal. Voilà de l'intelligence et de l'examen requis dans le soldat. Un capitaine devrait-il, sur l'ordre de son colonel, aller, avec sa compagnie aussi obéissante que lui, arrêter le ministre de la guerre? Voilà donc de l'intelligence et de l'examen requis dans le capitaine. Un colonel devrait-il, sur l'ordre du ministre de la guerre, porter une main attentatoire sur la personne sacrée du Roi? Voilà donc de l'intelligence et de l'examen requis dans le colonel. N'a-t-on pas naguères comblé d'éloges, avec beaucoup de justice, l'officier qui, recevant l'ordre de faire sauter un magasin à poudre au centre de Paris, s'est servi de son jugement et de sa conscience pour se démontrer que la désobéissance était son devoir? Il y a donc des circonstances..... où l'instrument passif et aveugle peut être punissable et doit être puni.

Chose remarquable! Les journaux contre-révolutionnaires, et notamment la *Gazette de France*, contestaient ces principes d'une éternelle vérité, et aujourd'hui cette même gazette et plusieurs journaux de sa couleur, nient que le devoir de M. de Rovigo ait été dans l'obéissance passive. Leur doctrine d'aujourd'hui est la nôtre, mais comment la concilier avec leur doctrine d'hier (1)?

---

(1) La Quotidienne est loin d'encourir ce reproche. La dévote et monarchique feuille semble porter un tendre intérêt à M. l'ancien ministre de la police impériale. Elle garde ses injures pour ceux qui attaquent son héros buonapartiste. Elle trouve surtout la brochure de M. Dupin très-inconvenante. Quoi, dit-elle, prouver que le duc d'Enghien était innocent, qu'on a violé toutes les lois en le condamnant, n'est-ce pas porter atteinte à la majesté du trône et au respect qu'on doit au sang des Bourbons. Si M. le duc d'Enghien eût été coupable, si on l'avait jugé suivant des formes légales, vous approuveriez donc sa condamnation. Nous respectons trop la mémoire du malheureux prince pour vouloir, comme la Quotidienne, le supposer un seul instant coupable. Nous livrons seulement les paroles de la Quotidienne à nos lecteurs pour leur montrer que nos présomptions

« J'en appelle à tous les militaires de tous » les pays.... J'ai fait ce que tout autre officier, » placé dans les mêmes circonstances, aurait » fait comme moi. »

Non, tout autre officier, dans les mêmes circonstances, n'eut point agi comme M. de Rovigo. Il en est qui auraient su se soustraire à l'obéissance passive. Il a su se soustraire à cette obéissance, le brave vicomte d'Orte, que Montesquieu cite comme un noble et bel exemple. Gouverneur de Bayonne, au moment de la Saint-Barthélemy, et ayant reçu l'ordre de faire massacrer tous les huguenots : « Sire, répondit-il à Charles IX, Sire, je n'ai trouvé, parmi les habitans et les gens de guerre, que de bons citoyens, de braves soldats et pas un bourreau ; ainsi eux et moi supplions V. M. d'employer nos bras et nos vies à choses faisables. »

---

n'étaient pas tout-à-fait injustes, et que ceux qui attaquent M. de Rovigo ne sont point approuvés par le parti qui verse tant de larmes hypocrites sur la tombe du malheureux prince dont nous détestons, bien plus qu'eux, les bourreaux.

Le grand et généreux courage regardait une *lâcheté* comme une chose impossible, ajoute Montesquieu, et toutes les âmes bien faites applaudissent avec le célèbre publiciste, à la noble désobéissance du vicomte d'Orte. M. de Rovigo serait-il tenté de la lui reprocher? Regarde-t-il comme criminels tous les généraux républicains, zélés défenseurs de la France, qui refusèrent de faire exécuter les lois contre les émigrés? Regarde-t-il comme des criminels justement condamnés, ceux qui sont morts sur l'échafaud, martyrs de ce noble refus?

Il en appelle à tous les militaires de tous les pays; s'ils répondaient par des cris d'assentiment à l'appel de M. de Rovigo, que deviendraient les notions de vérité, d'équité, de justice? Tout serait soumis à l'influence du sabre; chacun obéissant au moindre signe d'un chef puissant, renverserait à ce signe les digues constitutionnelles opposées à la volonté du plus fort; ainsi toutes les questions se réduiraient à savoir de quel côté se trouve le plus grand nombre de soldats. Mais non, tous les officiers de toutes les nations ne peuvent partager ces odieuses idées; parmi eux, sans doute, il est encore des hommes. Washington, Lafayette, soldats-citoyens, généreux défenseurs de la liberté, vous aussi vous appartenez à la classe qu'interpelle M. de Rovigo, auriez-vous agi comme lui ?

« Ne nous écartons pas des principes; car » le jour où la force armée délibèrera, c'en » est fait de la sûreté des états ? »

Il est vrai que l'obéissance passive a bien maintenu la sûreté de la France. Cette obéissance, tant vantée, a fait le 18 brumaire. Au profit de qui a tourné ce jour désastreux ? Peut-être M. de Rovigo nous dira qu'on n'a songé qu'au bonheur de la France ? Mais notre siècle et la postérité jugeront autrement un chef de hordes armées asservissant sa patrie et le monde. Si l'on eût dérogé alors au principe prétendu conservateur de l'obéissance, nous aurions, il est vrai, quelques DUCS de moins, mais nous n'aurions pas acheté de vingt ans de travaux et de sacrifices la perte de notre repos et de notre liberté (1). D'ailleurs, il est étonnant que M. de Rovigo s'élève avec tant de force contre les délibérations armées.

---

(1) Je veux dire la perte de notre liberté sous le gouvernement impérial.

Napoléon a fait délibérer ses soldats, en a reçu des adresses collectives, qui, sans doute, n'étaient pas l'expression des sentimens d'un seul, et a reconnu devoir son trône à leurs vœux, et non à leur obéissance. Il est vrai qu'il réclamait l'obéissance passive, quand elle servait ses intérêts. Mais que prouvent tant de contradictions? Que l'obéissance n'est pas un principe immuable, nécessaire, comme on a osé l'affirmer.

Après avoir développé la doctrine de l'obéissance passive, M. de Rovigo termine sa défense et revient à son sujet. Il quitte Vincennes, et rencontre M. Réal, près de la barrière, en costume de conseiller d'état (1). « J'ai reçu hier l'ordre d'interroger le duc d'Enghien, dit celui-ci à M. de Rovigo, et j'allais à Vincennes pour exécuter cet ordre. »

En écoutant leurs confidences réciproques,

---

(1) Pendant l'impression de notre ouvrage, des pièces officielles ont paru qui démontrent la fausseté de cette rencontre. (*Voyez* la brochure de Méhée de la Touche, et les pièces officielles sur le procès du duc d'Enghien.)

le conseiller d'état et le chef des gendarmes sont également surpris. Certes, il y avait lieu de l'être. M. de Rovigo devait même éprouver un peu plus que de la surprise, en acquérant la preuve funeste de l'illégalité du jugement dont il venait de hâter l'exécution. Aussi nous dit-il que cette rencontre le frappa, qu'il commença à rêver.... à la mort du prince, sans doute, à la prompte exécution de la sentence, à l'illégalité des formes et à l'insuffisance de la parole de M. Delga? Non, il commença à rêver : *la rencontre du ministre des relations extérieures*, chez le général Murat, *lui revînt dans l'esprit*. Grand Dieu! dans un tel moment, il ne fut frappé que de cette rencontre! Cette cruelle tragédie n'absorba pas toutes les facultés de son âme!.. Certes, l'âme de M. de Rovigo est d'une trempe non vulgaire : le commun des hommes eût pensé, à sa place, à toute autre chose qu'à M. de Talleyrand... Mais la justification est terminée, il faut bien revenir à M. de Talleyrand. M. de Rovigo a prononcé son nom, il a parlé de sa visite au gouverneur de Paris; aussitôt il ajoute qu'il commença à douter que la mort du duc d'Enghien fût l'ouvrage du premier consul; et le souvenir de la visite de

M. de Talleyrand élève ce doute dans son âme. Que n'a-t-il eu cette visite présente à l'esprit quelques heures plutôt! elle eût sans doute neutralisé l'empire de l'obéissance passive....

M. de Rovigo va rendre compte au premier Consul de ce qui s'est passé à Vincennes, et Napoléon en est fort surpris. Voyons comment M. de Rovigo le fait parler dans cette occasion :

« ...... Que la commission ait prononcé sur l'aveu du duc d'Enghien, cela ne me surprend pas; mais enfin on n'a eu cet aveu qu'en commençant le jugement, et *il ne devait avoir lieu* qu'après que M. Réal l'aurait interrogé sur un point qu'il importait d'éclaircir. »

Il y a ici une phrase qui jette bien des doutes sur le reste, *il ne devait avoir lieu.* Il y avait donc des ordres formels du premier Consul? *Quelqu'un* a donc enfreint ces ordres sans que Napoléon l'ait fait punir? Cette supposition paraît forte, il est difficile de l'admettre. Néanmoins, en la regardant comme vraie, quelle personne peut donc, dans ces circonstances, avoir enfreint les ordres de Napoléon? Les juges d'abord, qui ne pouvaient pas se rassembler sans ordres et sans avoir dans leurs mains les pièces du procès, les juges qui ont condamné avant l'instruction préparatoire, M. de Rovigo, ensuite, qui a exécuté l'arrêt sans s'assurer de la légalité du jugement, et sans s'informer des délais ordinaires; M. de Rovigo, qui n'a pas laissé au premier consul le temps d'arrêter le supplice de l'infortuné prince; Murat, enfin, qui a signé et expédié les ordres adressés aux juges et au chef de la gendarmerie; mais tels ne sont pas les coupables que M. de Rovigo veut signaler à l'opinion publique. Ce n'est pas Napoléon, suivant lui, mais ce ne sont pas non plus les juges, et l'exécuteur de l'arrêt. Le coupable est M. de Talleyrand. Pourquoi? M. de Rovigo prétend l'avoir rencontré sous la porte du gouverneur de Paris!

L'empereur ajoute: « Voilà un crime qui ne mène à rien, et qui ne sert qu'à me rendre odieux. »

Il est à remarquer que M. de Rovigo, comme toute la France, comme toute l'Europe, qualifie toujours de crime le meurtre de Vincennes. Il nous apprend que Paris manifesta hautement son indignation, appela ce jugement un assassinat; et il veut qu'on le regarde comme innocent, lui, acteur dans ce drame déplorable, et narrateur glacial des tristes détails qui soulevèrent l'indignation publique.

Ici se présente une observation sur l'obéissance passive. Voilà un crime qui ne tend qu'à me rendre odieux, dit Napoléon, et M. de Rovigo, son fidèle serviteur, vient de commettre ce crime d'après la demande d'un simple officier. Abandonnons toutes les considérations de morale et d'équité; supposons, comme M. de Rovigo, que tout soit permis pour servir son maître : M. de Rovigo n'eût-il pas été plus utile au sien en montant à cheval et courant au galop à la Malmaison, qu'en obéissant passivement à des ordres qui n'étaient pas émanés de lui? Remarquons que dans cette observation, nous avons adopté pour un instant le récit de M. de Rovigo, qui, nous l'avons dit, nous paraît d'ailleurs peu vraisemblable.

Plus de six ans après la triste catastrophe, M. de Rovigo apprit de M. Réal tous les détails contenus dans sa brochure sur les causes de l'arrestation du prince, et un autre fait que nous ne connaissions point encore. Lorsque M. Réal reconnut la méprise qu'avait fait naître la déposition des agens de Georges sur Pichegru, il courut chez le premier consul, et lui fit part de ces découvertes tardives. Ah! s'écria Napoléon, malheureux Talleyrand, que m'as-tu fait faire! Nous l'avons dit, nous rendons hommage à la véracité de M. de Rovigo; nous le croyons sans examen lorsqu'il raconte des événemens à lui connus, ou lorsqu'il se justifie; mais l'impartialité nous fait un devoir de révoquer en doute tout ce qui tend à incriminer un autre personnage, sans être accompagné de preuves. M. de Rovigo n'a pas toujours une mémoire très-sûre, et ici encore nous n'avons que sa mémoire pour garant. On a vu qu'aucun autre fait ne vient à l'appui d'une telle accusation; quant à l'exclamation de Napoléon en elle-même, comme notre but n'est point de défendre M. de Talleyrand, nous ne pousserons pas plus loin nos recherches. Toutefois, Napoléon est mort, M. Réal est en Amérique. Nous devons le faire remarquer, M. de Rovigo fait ainsi parler un absent, qui, suivant lui, fait parler un mort, et c'est sur cette base fragile que repose une accusation odieuse. Il faut bien l'avouer, la visite de M. de Talleyrand et la prétendue exclamation de Napoléon nous semblent prouver fort peu de choses contre l'homme sur lequel M. de Rovigo se précipite avec tant d'acharnement. Mais, quand elles prouveraient tout contre M. de Talleyrand, elles ne prouveraient rien encore en faveur de l'auteur du mémoire.

Plus loin, M. de Rovigo, en essayant de défendre l'empereur, attaque encore M. de Talleyrand, et c'est avec ses propres paroles que nous le réfuterons.

Il demande si c'est Napoléon qui a jeté les yeux sur le duc d'Enghien, il nous affirme que ce ne peut être lui, mais le ministre des relations extérieures; et il nous a dit plus haut que les juges de Georges seuls avaient donné ces informations au premier consul, et avaient tourné ses regards de ce côté.

Bonaparte a-t-il, pour connaître le duc d'Enghein, employé des moyens particuliers à lui? demande M. de Rovigo. Oui, car vous venez de nous apprendre qu'il a envoyé un agent à Etteinheim, qu'il en a reçu un rapport; et que ce rapport a décidé l'exécution de l'acte appelé crime par vous-même.

Le premier Consul ignorait la filiation et la résidence du duc d'Enghien. Quelle innocence ! Est-ce sérieusement que M. de Rovigo nous donne tout cela pour des justifications ?

A-propos de la filiation de M. le duc d'Enghien, M. de Rovigo dirige dans une note une autre insinuation contre un baron d'Al..., que l'on reconnaît aisément. Le hasard sert encore cette fois M. de Rovigo comme dans toutes les autres circonstances ; ce baron d'Al... est un des ennemis du parti dominant ; et que prouve cette note ? Si peu de chose, qu'en vérité nous ne comprenons point qu'on ait osé l'écrire. M. de Rovigo nous dit *avoir entendu dire* que le baron d'Al... *tenait des propos* propres à incriminer le Prince ; et cette assertion lui suffit pour traiter M. le baron d'Al... d'intrigant, et pour jeter sur lui une partie de l'odieux du crime de Vincennes. Il faut convenir qu'une telle manière d'agir est bien inconcevable ; et si l'on se rappelle que ce M. d'Al... dont il parle, est dans la disgrâce, il faut avouer qu'une telle manière d'agir est bien peu noble.

L'intrigue le précipita dans la fosse. (Le duc d'Enghien.) Quelle accusation contre le gouvernement consulaire ! quelle accusation contre les juges ! quelle accusation contre l'exécuteur de la sentence ! L'intrigue le précipita dans la fosse. Sous un gouvernement légal, jamais pareille chose a-t-elle eu lieu? jamais l'intrigue a-t-elle été pour quelque chose dans un jugement ? Vous prétendez par cette phrase atteindre un ennemi; c'est votre condamnation à vous-même que vous prononcez. L'intrigue le précipita dans la fosse ! Et vous faites entendre que M. de Talleyrand a hâté par ses conseils le jugement et le supplice. Rien ne le prouve, et certainement, s'il en était ainsi, il serait coupable. Mais comment pouvez-vous regarder comme innocent ceux qui ont suivi ses conseils sanglans ? Vous nous les donnez comme des instrumens, et vous les plaignez. Ne savaient-ils donc pas distinguer le crime de la vertu, et parce qu'ils ont écouté un conseiller de meurtre, pouvons-nous les trouver moins coupables? Tous vos efforts ne tendraient, si vous réussissiez à établir la culpabilité de votre adversaire, qu'à désigner un coupable de plus à la haine publique ; ils ne sauraient ôter une seule souillure aux coupables déjà connus.

Mais ces efforts mêmes ne sont point couronnés du succès. Nous avons des données toutes naturelles. Napoléon a ordonné la mort du duc d'Enghien; Murat a rassemblé des soldats; les uns ont signé une sentence, d'autres ont présidé à un supplice : Napoléon a été obéi. Ici rien d'extraordinaire. Maintenant écoutons le duc de Rovigo.

Selon lui, M. de Talleyrand a voulu hâter la mort du prince. Première supposition qu'il n'appuie sur aucun fait. M. de Talleyrand a communiqué son dessein à Murat. Seconde supposition aussi peu fondée. Murat s'est prêté à l'atroce et étrange proposition, quoiqu'il n'eût point d'ordres du premier Consul, ou quoiqu'il eût des ordres contraires; et le seul fait sur lequel on appuie ces suppositions, est le fait très-peu concluant de la rencontre de M. de Talleyrand chez le gouverneur de Paris, fait qui ne nous est connu que par l'accusateur lui-même. Les juges se sont rassemblés sans ordres, ont jugé sans ordres, ont condamné sans ordres (1),

---

(1) Qu'on ne soit pas surpris de nous voir douter que l'on ait condamné sans ordres. Une commission militaire ne fait point autre chose. Elle n'examine point, elle obéit.

et sans attendre l'instruction préparatoire qui devait avoir lieu, et qui avait été ordonnée suivant les formes légales. Quatrième supposition non moins absurde que les autres, vu le caractère de l'empereur. Et enfin M. de Rovigo s'est prêté à hâter l'exécution d'un tel jugement. Voilà cinq suppositions préalablement nécessaires, cinq suppositions échafaudées les unes sur les autres, et dont une seule non admise ferait crouler tout l'édifice si laborieusement construit; mais ce n'est pas tout, il nous faut supposer encore que M. de Talleyrand a fasciné les yeux de tant gens; car, dans le système de M. de Rovigo, M. de Talleyrand est le seul coupable, et hors lui nous ne devons voir dans tous ces instrumens de crime que des innocens et des hommes bien intentionnés.

Nous touchons à la fin de la brochure; déjà nous avons examiné tout ce que l'auteur dit savoir par lui-même. Il passe ensuite en revue tout ce que M. de Las Cases rapporte d'après Napoléon, sur la catastrophe dont nous nous occupons. Rien dans les passages de M. de Las Cases, cités, n'a rapport aux accusations de M. de Rovigo. Nous n'avons donc point à nous en occuper. Enfin, il rapporte quelques extraits de MM. O'Méara et Warden.

« Je demandai à Napoléon, est-il dit dans cet ouvrage, s'il était vrai que M. de T........ eût gardé une lettre écrite par le duc d'Enghien, et qu'il ne l'eût remise que deux jours après son exécution. — C'est vrai, répondit Napoléon; le duc avait écrit une lettre, dans laquelle il m'offrait ses services, et me demandait le commandement d'une armée. Le scélérat de T....... ne m'en donna connaissance que deux jours après que le prince eût été mis à mort. »

Nous le demandons à M. de Rovigo, quel rapport y a-t-il entre ce passage et les accusations dont il est l'objet? S'il n'avait pas plus à cœur d'accuser M. de Talleyrand que de se défendre, rapporterait-il ce morceau absolument étranger à lui?

Puisque nous en sommes sur cette exclamation, sortie sans doute de la bouche de Napoléon, nous ferons deux courtes observations qui s'y rattachent.

Est-il vraisemblable, d'une part, que le Prince, dont la défense a, comme nous l'avons vu, été très-courageuse, ait eu assez peu de courage en même temps pour demander du service à l'ennemi de sa famille ?

Est-il possible, en second lieu, que M. de Talleyrand, après avoir gardé une lettre de cette importance, l'ait remise au premier Consul lorsqu'elle n'avait plus d'objet? Ne serait-il pas plus naturel de supposer que, dans une telle circonstance, il l'eût gardée tout-à-fait pour ne pas faire connaître son crime ?

Pourquoi, dira-t-on, Napoléon a-t-il voulu lancer une pareille accusation contre M. de Talleyrand ?

Napoléon, comme on le sait, n'était pas toujours ami de la vérité. M. de Rovigo nous apprend qu'il a professé les principes révolutionnaires tout le temps que tels ont été ses intérêts. Ses proclamations prouvent qu'il savait concilier les faits et les principes avec ses besoins du moment. Sa seule assertion ne fait donc pas preuve. Ici surtout, que nous pouvons trouver deux grands intérêts pour motifs de ses déclarations : flétrir M. de Talleyrand, que certes il avait bien le droit de haïr, et calomnier un membre de la maison de Bourbon, auquel, naturellement, il ne pouvait pas voir avec plaisir l'opinion s'intéresser. Les invraisemblances que présente l'assertion de Napoléon, nous font regarder cette hypothèse comme certaine. Quoiqu'il en soit, ce passage de MM. O'Méara et Warden ne prouve toujours rien en faveur de M. de Rovigo.

L'auteur du mémoire sur le duc d'Enghien extrait encore du *Courrier de Leyde* une accusation contre M. de Talleyrand. Il cite un passage dans lequel ce dernier annonce aux cours étrangères l'arrestation de conspirateurs à Etteinheim et à Offenbourg. Certes, nous ne justifierons point le ministre de Napoléon; il aurait sans doute du sacrifier sa place à sa conscience, et ne pas se croire forcé à cette déclaration. Mais M. de Rovigo devrait pardonner facilement un acte d'obéissance passive, bien moins odieux que le sien. Celui qu'il accuse était ministre, il devait se retirer ou faire la signification qu'on lui reproche; nous ne l'approuvons pas d'avoir préféré rester au ministère; mais M. de Rovigo ne risquait pas même sa place, mais M. de Rovigo était chargé de bien autre chose que d'une note explicative, et il a obéi. D'ailleurs lui qui, en principe, recommande l'obéissance passive, ne devrait-il pas approuver tous les actes de cette obéissance, sinon par bien l'avouer, la visite de M. de Talleyrand et la prétendue exclamation de Napoléon nous semblent prouver fort peu de choses contre l'homme sur lequel M. de Rovigo se précipite avec tant d'acharnement. Mais, quand elles prouveraient tout contre M. de Talleyrand, elles ne prouveraient rien encore en faveur de l'auteur du mémoire.

Plus loin, M. de Rovigo, en essayant de défendre l'empereur, attaque encore M. de Talleyrand, et c'est avec ses propres paroles que nous le réfuterons.

Il demande si c'est Napoléon qui a jeté les yeux sur le duc d'Enghien, il nous affirme que ce ne peut être lui, mais le ministre des relations extérieures; et il nous a dit plus haut que les juges de Georges seuls avaient donné ces informations au premier consul, et avaient tourné ses regards de ce côté.

Bonaparte a-t-il, pour connaître le duc d'Enghein, employé des moyens particuliers à lui? demande M. de Rovigo. Oui, car vous venez de nous apprendre qu'il a envoyé un agent à Etteinheim, qu'il en a reçu un rapport, et que ce rapport a décidé l'exécution de l'acte appelé crime par vous-même.

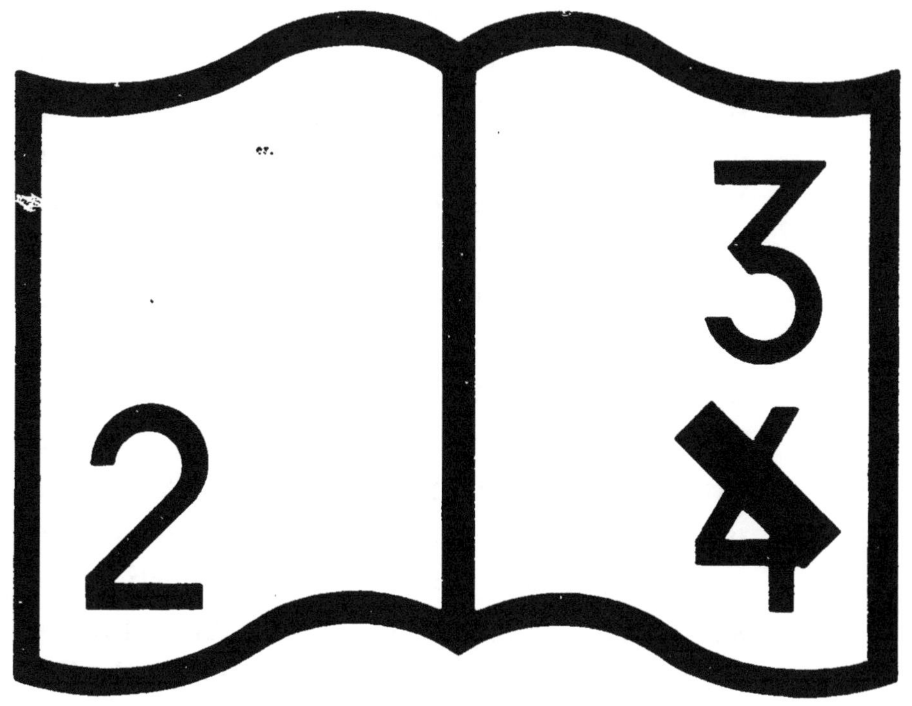

Pagination incorrecte — date incorrecte

NF Z 43-120-12

Le premier Consul ignorait la filiation et la résidence du duc d'Enghien. Quelle innocence! Est-ce sérieusement que M. de Rovigo nous donne tout cela pour des justifications?

A-propos de la filiation de M. le duc d'Enghien, M. de Rovigo dirige dans une note une autre insinuation contre un baron d'Al..., que l'on reconnaît aisément. Le hasard sert encore cette fois M. de Rovigo comme dans toutes les autres circonstances; ce baron d'Al... est un des ennemis du parti dominant; et que prouve cette note? Si peu de chose, qu'en vérité nous ne comprenons point qu'on ait osé l'écrire. M. de Rovigo nous dit *avoir entendu dire* que le baron d'Al... *tenait des propos* propres à incriminer le Prince; et cette assertion lui suffit pour traiter M. le baron d'Al... d'intrigant, et pour jeter sur lui une partie de l'odieux du crime de Vincennes. Il faut convenir qu'une telle manière d'agir est bien inconcevable; et si l'on se rappelle que ce M. d'Al... dont il parle, est dans la disgrâce, il faut avouer qu'une telle manière d'agir est bien peu noble.

L'intrigue le précipita dans la fosse. (Le duc d'Enghien.) Quelle accusation contre le gouvernement consulaire ! quelle accusation contre les juges ! quelle accusation contre l'exécuteur de la sentence ! L'intrigue le précipita dans la fosse. Sous un gouvernement légal, jamais pareille chose a-t-elle eu lieu? jamais l'intrigue a-t elle été pour quelque chose dans un jugement ? Vous prétendez par cette phrase atteindre un ennemi; c'est votre condamnation à vous-même que vous prononcez. L'intrigue le précipita dans la fosse ! Et vous faites entendre que M. de Talleyrand a hâté par ses conseils le jugement et le supplice. Rien ne le prouve, et certainement, s'il en était ainsi, il serait coupable. Mais comment pouvez-vous regarder comme innocent ceux qui ont suivi ses conseils sanglans ? Vous nous les donnez comme des instrumens, et vous les plaignez. Ne savaient-ils donc pas distinguer le crime de la vertu, et parce qu'ils ont écouté un conseiller de meurtre, pouvons-nous les trouver moins coupables? Tous vos efforts ne tendraient, si vous réussissiez à établir la culpabilité de votre adversaire, qu'à désigner un coupable de plus à la haine publique ; ils ne sauraient ôter une seule souillure aux coupables déjà connus.

Mais ces efforts mêmes ne sont point couronnés du succès. Nous avons des données toutes naturelles. Napoléon a ordonné la mort du duc d'Enghien; Murat a rassemblé des soldats; les uns ont signé une sentence, d'autres ont présidé à un supplice : Napoléon a été obéi. Ici rien d'extraordinaire. Maintenant écoutons le duc de Rovigo.

Selon lui, M. de Talleyrand a voulu hâter la mort du prince. Première supposition qu'il n'appuie sur aucun fait. M. de Talleyrand a communiqué son dessein à Murat. Seconde supposition aussi peu fondée. Murat s'est prêté à l'atroce et étrange proposition, quoiqu'il n'eût point d'ordres du premier Consul, ou quoiqu'il eût des ordres contraires; et le seul fait sur lequel on appuie ces suppositions, est le fait très-peu concluant de la rencontre de M. de Talleyrand chez le gouverneur de Paris, fait qui ne nous est connu que par l'accusateur lui-même. Les juges se sont rassemblés sans ordres, ont jugé sans ordres, ont condamné sans ordres (1),

---

(1) Qu'on ne soit pas surpris de nous voir douter que l'on ait condamné sans ordres. Une commission militaire ne fait point autre chose. Elle n'examine point, elle obéit.

et sans attendre l'instruction préparatoire qui devait avoir lieu, et qui avait été ordonnée suivant les formes légales. Quatrième supposition non moins absurde que les autres, vu le caractère de l'empereur. Et enfin M. de Rovigo s'est prêté à hâter l'exécution d'un tel jugement. Voilà cinq suppositions préalablement nécessaires, cinq suppositions échafaudées les unes sur les autres, et dont une seule non admise ferait crouler tout l'édifice si laborieusement construit; mais ce n'est pas tout, il nous faut supposer encore que M. de Talleyrand a fasciné les yeux de tant gens; car, dans le système de M. de Rovigo, M. de Talleyrand est le seul coupable, et hors lui nous ne devons voir dans tous ces instrumens de crime que des innocens et des hommes bien intentionnés.

Nous touchons à la fin de la brochure; déjà nous avons examiné tout ce que l'auteur dit savoir par lui-même. Il passe ensuite en revue tout ce que M. de Las Cases rapporte d'ap[illegible] Napoléon, sur la catastrophe dont nous nous occupons. Rien dans les passages de M. de Las Cases, cités, n'a rapport aux accusations de M. de Rovigo. Nous n'avons donc point à nous en occuper. Enfin, il rapporte quelques extraits de MM. O'Méara et Warden.

« Je demandai à Napoléon, est-il dit dans cet ouvrage, s'il était vrai que M. de T........ eût gardé une lettre écrite par le duc d'Enghien, et qu'il ne l'eût remise que deux jours après son exécution. — C'est vrai, répondit Napoléon; le duc avait écrit une lettre, dans laquelle il m'offrait ses services, et me demandait le commandement d'une armée. Le scélérat de T....... ne m'en donna connaissance que deux jours après que le prince eût été mis à mort. »

Nous le demandons à M. de Rovigo, quel rapport y a-t-il entre ce passage et les accusations dont il est l'objet? S'il n'avait pas plus à cœur d'accuser M. de Talleyrand que de se défendre, rapporterait-il ce morceau absolument étranger à lui?

Puisque nous en sommes sur cette exclamation, sortie sans doute de la bouche de Napoléon, nous ferons deux courtes observations qui s'y rattachent.

Est-il vraisemblable, d'une part, que le Prince, dont la défense a, comme nous l'avons vu, été très-courageuse, ait eu assez peu de courage en même temps pour demander du service à l'ennemi de sa famille?

Est-il possible, en second lieu, que M. de Talleyrand, après avoir gardé une lettre de cette importance, l'ait remise au premier Consul lorsqu'elle n'avait plus d'objet? Ne serait-il pas plus naturel de supposer que, dans une telle circonstance, il l'eût gardée tout-à-fait pour ne pas faire connaître son crime?

Pourquoi, dira-t-on, Napoléon a-t-il voulu lancer une pareille accusation contre M. de Talleyrand?

Napoléon, comme on le sait, n'était pas toujours ami de la vérité. M. de Rovigo nous apprend qu'il a professé les principes révolutionnaires tout le temps que tels ont été ses intérêts. Ses proclamations prouvent qu'il savait concilier les faits et les principes avec ses besoins du moment. Sa seule assertion ne fait donc pas preuve. Ici surtout, que nous pouvons trouver deux grands intérêts pour motifs de ses déclarations : flétrir M. de Talleyrand, que certes il avait bien le droit de haïr, et calomnier un membre de la maison de Bourbon, auquel, naturellement, il ne pouvait pas voir avec plaisir l'opinion s'intéresser. Les invraisemblances que présente l'assertion de Napoléon, nous font regarder cette hypothèse comme certaine. Quoiqu'il en soit, ce passage de MM. O'Méara et Warden ne prouve toujours rien en faveur de M. de Rovigo.

L'auteur du mémoire sur le duc d'Enghien extrait encore du *Courrier de Leyde* une accusation contre M. de Talleyrand. Il cite un passage dans lequel ce dernier annonce aux cours étrangères l'arrestation de conspirateurs à Etteinheim et à Offenbourg. Certes, nous ne justifierons point le ministre de Napoléon; il aurait sans doute du sacrifier sa place à sa conscience, et ne pas se croire forcé à cette déclaration. Mais M. de Rovigo devrait pardonner facilement un acte d'obéissance passive, bien moins odieux que le sien. Celui qu'il accuse était ministre, il devait se retirer ou faire la signification qu'on lui reproche; nous ne l'approuvons pas d'avoir préféré rester au ministère; mais M. de Rovigo ne risquait pas même sa place; mais M. de Rovigo était chargé de bien autre chose que d'une note explicative, et il a obéi. D'ailleurs lui qui, en principe, recommande l'obéissance passive, ne devrait-il pas approuver tous les actes de cette obéissance, sinon par conviction, du moins pour excuser le sien. Résumons-nous.

M. de Rovigo prétend publier un mémoire justificatif, et ce mémoire est une longue accusation, à l'aide de laquelle il espère rentrer en grâce auprès du parti dominant.

M. de Rovigo accuse sans preuves, et à l'aide de suppositions forcées.

M. de Rovigo se défend sans nier rien de ce qu'on lui reproche, et à l'aide de doctrines fausses et dangereuses.

Il doit, dit-il, cette justification à ses parens, à ses amis, à son pays. Sans doute ses parens et ses amis gémiront de cette prétendue justification dont son pays s'indigne. Il nous apprend que dans tout le cours de sa carrière, Napoléon ne lui a donné que des ordres dont il doive s'honorer, et dont il doive être flatté. Est-il donc flatté d'avoir reçu l'ordre de bannir des femmes ou de les jeter dans les cachots? se trouve-t-il bien honoré, par exemple, du souvenir de sa lettre à madame de Staël, de cette lettre où il disait avec une ironie brutale à une Muse française que l'air de la France ne lui convenait pas! Qu'il soit flatté s'il veut de ces titres d'honneur, personne ne les lui enviera; qu'il nous parle s'il veut du vieil honneur héréditaire de sa famille; nous, plébéiens, enfans de la vieille Gaule, nous sommes charmés d'apprendre qu'il descend d'un autre caste que la nôtre. Que ceux à qui il prétend appartenir s'en glorifient; nous ne réclamerons certes pas l'honneur de l'avoir vu naître dans nos rangs, dont, au reste, il a su sortir.

Sans doute une triste fatalité a conduit la plume de M. de Rovigo; nous ne lui faisons pas un crime de l'impression que son mémoire a produit sur notre esprit; mais il nous semble que le silence convient mieux à celui qui a rempli une page sanglante dans l'histoire, qu'une inutile récrimination contre les compagnons de son ancienne fortune et de sa nouvelle humiliation. Oui, un silence modeste est l'attitude qui vous convient, hommes dont les noms rappellent de tristes souvenirs et se rattachent à des époques funestes; nous vous laissons en paix jouir des richesses dont nos malheurs vous ont comblés, laissez-nous oublier les fatales circonstances de ces malheurs que vous avez causés; ne rouvrez pas les tombes de vos victimes, sur lesquelles nous avons jeté le voile de l'oubli; ou, si vous êtes forcés à vous défendre, si l'on veut vous couvrir de plus de souillures que vous n'en avez méritées, repoussez ces outrages avec simplicité, et ne nous forcez pas à trouver de nouveaux crimes dans les écrits auxquels vous attachez encore vos noms sinistres; songez surtout que le temps de votre splendeur est passé, et que nous ne la voyons pas sans horreur, nous, enfans du siècle, qui déjà sommes la postérité pour vous.

FIN.

www.ingramcontent.com/pod-product-compliance
Ingram Content Group UK Ltd.
Pitfield, Milton Keynes, MK11 3LW, UK
UKHW012246240726
13966UKWH00004B/1323